BEI GRIN MACHT SICH IHR WISSEN BEZAHLT

- Wir veröffentlichen Ihre Hausarbeit,
  Bachelor- und Masterarbeit

- Ihr eigenes eBook und Buch -
  weltweit in allen wichtigen Shops

- Verdienen Sie an jedem Verkauf

Jetzt bei www.GRIN.com hochladen
und kostenlos publizieren

GRIN ☺

Christel Rittmeyer

Sonderpädagogik in NRW: Flexibilisierung der Förderung und Schritte in Richtung Integration

GRIN Verlag

Bibliografische Information der Deutschen Nationalbibliothek:

Die Deutsche Bibliothek verzeichnet diese Publikation in der Deutschen National-
bibliografie; detaillierte bibliografische Daten sind im Internet über http://dnb.d-
nb.de/ abrufbar.

Impressum:

Copyright © 2009 GRIN Verlag GmbH
Druck und Bindung: Books on Demand GmbH, Norderstedt Germany
ISBN: 978-3-640-38928-5

Dieses Buch bei GRIN:

http://www.grin.com/de/e-book/133777/sonderpaedagogik-in-nrw-flexibilisierung-
der-foerderung-und-schritte-in

GRIN - Your knowledge has value

Der GRIN Verlag publiziert seit 1998 wissenschaftliche Arbeiten von Studenten, Hochschullehrern und anderen Akademikern als eBook und gedrucktes Buch. Die Verlagswebsite www.grin.com ist die ideale Plattform zur Veröffentlichung von Hausarbeiten, Abschlussarbeiten, wissenschaftlichen Aufsätzen, Dissertationen und Fachbüchern.

Besuchen Sie uns im Internet:

http://www.grin.com/

http://www.facebook.com/grincom

http://www.twitter.com/grin_com

Sonderpädagogik in NRW:

Flexibilisierung der Förderung und Schritte in Richtung Integration

Zusammenfassung

In der Sonderpädagogik NRWs findet seit 1995 ein grundlegender und vielfältiger Wandel in vielen Bereichen statt.
Bei den Veränderungen handelt es sich um:

- den Wandel von einer institutionenbezogenen zu einer personenbezogenen Förderung
- die Flexibilisierung des sonderpädagogischen Angebotes
- die Weiterentwicklung des Gemeinsamen Unterrichts
- die Einführung der Förderpläne und Kompetenzenorientierung
- Berufsvorbereitung in Zeiten zunehmender Rezession und immer knapper werdender öffentlicher Kassen
- die Standardorientierung in Hochschule, Studienseminar und Schule
- die Einführung zunächst des Schulprogramms und dann der Qualitätsanalyse als Instrumente der Qualitätsentwicklung und –sicherung
- die Diskussion um den Entwicklungsstand des Konzepts „sonderpädagogisches Förderzentrum" und last, but not least
- eine Zunahme des sonderpädagogischen Förderbedarfs

Diese Veränderungen werden ausgehend von Thesen dargestellt und es wird aufgezeigt, welcher Handlungsbedarf im Einzelnen und welcher vorrangige übergeordnete Handlungsbedarf gegenwärtig besteht.

Summary

Since 1995 there ist a fundamental und multiple change in the area of special education in Northrhine-Westfalia.
The change has the following aspects:

- change from institution-related to person-related enhancement
- flexibilisation of special-educational support
- further develoment of integrative instruction
- introduction of individualized educational plans and competence-orientation
- vocational preparation in times of increasing recession and scant public tills

- standard-orientation at university, teacher instruction institutions and school
- introducation of school-programm and analysing the quality as an instrument to further and ensure quality
- the discussion of the concept "special education enhancement center" and, lut but not least,
- engrowing special educationals needs.

This changes are demontrated starting with theses and it is shown what needs to be done in detail and what is most important to be done.

1. Einleitung

Ulrich Bleidick beschreibt in seinem Aufsatz „Pädagogik in Zeiten der Postmoderne" die gegenwärtige Gesellschaft als durch Komplexität und Fragmentierung, vor allem aber Veränderung geprägt (vgl. Bleidick, 1993).

Wenn wir auf unseren eigenen Arbeitsalltag in den letzten Jahren blicken, so werden wir BLEIDICK zustimmen: Seit 1995 spielt sich in der Sonderpädagogik NRWs ein grundlegender und vielfältiger Wandel ab.

Insgesamt hat dieser Wandel zur Flexibilisierung der Förderung geführt und ist mit deutlichen Schritten in Richtung Integration verbunden.

1. These

Die Zeit ab 1995 war und ist in der Sonderpädagogik NRWs eine Zeit grundlegender Veränderungen.

Dieser Wandel hat vielfältige Auswirkungen auf Anforderungen und konkrete Arbeit. Die mit ihm verbundenen Entwicklungen sind zwar nicht losgelöst von den Entwicklungen in den anderen Bundesländern zu betrachten. Sie sind jedoch spezifisch ausgeprägt. In meinem Beitrag werde ich aufzeigen, was sich konkret verändert hat und welche Folgen dies für die gegenwärtige Arbeit hat.

2. Überblick

In meinem Beitrag wird es um die folgenden Punkte gehen:
- das Gesetz von 1995 zur Weiterentwicklung der sonderpädagogischen Förderung,
- die Situation der Frühförderung,
- die Flexibilisierung des schulischen Angebotes unter besonderer Berücksichtigung des gemeinsamen Unterrichts
- die neu zu erstellenden, kompetenzenorientierten Förderpläne
- den Ist-Stand und Erfordernisse im Bereich der beruflichen Vorbereitung und Eingliederung
- die Standardorientierung in Hochschule, Studienseminar und Schule

- Schulprogramm und Qualitätsanalyse als Instrumente der Qualitätsentwicklung und –sicherung
- die Diskussion und den Entwicklungsstand des Konzepts „sonderpädagogisches Förderzentrum" sowie
- den aus meiner Sicht bestehenden übergeordneten Handlungsbedarf.

3. Das Gesetz zur Weiterentwicklung der sonderpädagogischen Förderung in NRW

Der in meinem heutigen Beitrag thematisierte Wandel wurde erstmals mit dem Inkrafttreten des Gesetzes zur Weiterentwicklung der sonderpädagogischen Förderung in NRW von 1995 unverkennbar deutlich. Die entscheidende Veränderung durch dieses Gesetz war: das Sonderschulaufnahmeverfahren SAV wird durch die Rechtsverordnung VO-SF, das „Verfahren zur Feststellung des sonderpädagogischen Förderbedarfs und der Festlegung des Förderortes", abgelöst.

These 2

Das Gesetz zur Weiterentwicklung der sonderpädagogischen Förderung in NRW von 1995 bedeutet einen Wechsel von der institutionenbezogenen zur personenbezogenen Förderung.

Durch das Gesetz zur Weiterentwicklung der sonderpädagogischen Förderung in NRW ging es fortan nicht mehr wie im SAV – dem Sonderschulaufnahmeverfahren – darum festzustellen, ob ein Kind eine – wie sie damals noch hieß – Sonderschule besuchen muss. Ziel war vielmehr festzustellen, ob bei diesem Kind ein sonderpädagogischer Förderbedarf vorliegt. Dies stellte eine Veränderung von einer institutionenbezogenen zu einer personenbezogenen Förderung dar und forderte in der Folge eine Flexibilisierung der Förderorte heraus. Denn ein Schüler mit sonderpädagogischem Förderbedarf konnte fortan an verschiedenen Förderten beschult werden: der Förderschule, im Rahmen des gemeinsamen Unterrichts an allgemeinen Schulen und in der Schule für Kranke. (vgl. http://www.Schulministerium.nrw.de/BP/Schulrecht/ Gesetzes/SchulG-Info/Schulgesetz.pdf;§ 20, <Zugriff am 4.07.2009).

6

4. Entwicklung und aktuelle Situation im Bereich Frühberatung und –förderung, schulische Förderung und Berufsvorbereitung/berufliche Eingliederung ab 1995

Im Folgenden werde ich eine Bestandsaufnahme in den drei Bereichen der sonderpädagogischen Förderung gegliedert nach dem Alter des Klientels vornehmen.

- Frühberatung und Frühförderung
- Schulische Förderung
- Berufsvorbereitung/berufliche Eingliederung

Frühberatung und Frühförderung

These 3
In der Frühförderung ist es in den letzten 14 Jahren zu keinen nennenswerten Veränderungen gekommen.

Die Frühförderung ist der einzige Bereich der von mir heute beschriebenen sonderpädagogischen Förderung in NRW, in dem es seit 1995 zu keinen wesentlichen Veränderungen gekommen ist.

So sind beispielsweise nach wie vor die Förderschulen mit dem Förderschwerpunkt Sehen und dem Förderschwerpunkt Hören für die Frühberatung und –förderung von hör- und sehgeschädigten Kindern zuständig.

Die Frühförderung von Kindern mit anderen Förderschwerpunkten wird in der Regel durch kommunale Einrichtungen oder Einrichtungen der freien Wohlfahrtspflege wahrgenommen.

Positive Entwicklungen sind eine Intensivierung der Kooperation zwischen den Professionen im Bereich der Frühförderung sowie die Einrichtung von integrativen Gruppen an Kindergärten, die Reduzierung der Gruppenstärke sowie vielerorts die Einstellung von Heilpädagogen und Therapeuten zur Förderung der Kinder mit Behinderung.

Negativ ist dagegen, dass von LÜCKE-DECKERT als ganzheitliche Frühförderung bezeichnete, aber nicht näher explizierte Leistungen zunehmend abgebaut werden, weil

Krankenkassen und örtliche Sozialhilfeträger Probleme bei der Refinanzierung von Leistungen machen (vgl. LÜCKE-DECKERT 2004, 159).

Schulische Förderung

Wie oben aufgezeigt wurde, sieht das Gesetz von 1995 eine Flexibilisierung hinsichtlich des Förderortes bei sonderpädagogischem Förderbedarf vor.

These 4

Zwischen 1995 und 2005/2006 kam es im schulischen Bereich der sonderpädagogischen Förderung NRWs zu einer Flexibilisierung des sonderpädagogischen Angebotes. Insbesondere entwickelt sich der gemeinsame Unterricht weiter.

Im Folgenden sollen zunächst die wichtigsten organisatorischen Änderungen im schulischen Bereich in Anlehnung an LÜCKE-DECKERT aufgelistet werden. Danach gehe ich auf den Entwicklungsstand des Gemeinsamen Unterrichts auf der Grundlage weiterer Quellen und in einem späteren Teil auf das Konzept „Sonderpädagogisches Förderzentren" ein.

Veränderungen der Förderschulen und sonderpädagogischen Förderung in NRW

- Weiterhin **Fortbestehen von zehn Förderschultypen;** jedoch **Zusammenlegung** der Schulen für Blinde und Sehbehinderte **zur Verbundschule für Sehgeschädigte** und der Schulen für Gehörlose **und** Schwerhörige zur **Verbundschule für Hörgeschädigte**
- an vielen Standorten **Bildung von Sonderschulen im organisatorischen Verbund** (z. B. im Bereich der Förderschulen mit dem Förderschwerpunkt Lernen sowie soziale und emotionale Entwicklung)
- Der **Schulversuch Förderschule** ist **abgeschlossen.** Die Unterrichtung von Schülern mit dem Förderschwerpunkt Lernen, Sprache und emotionale und soziale Entwicklung kann fortgesetzt werden.

- Der **Schulversuch zum zieldifferenten Gemeinsamen Unterricht** ist ebenfalls **abgeschlossen.** Damit konnte nachgewiesen werden, dass ein solcher Unterricht bei guten Rahmenbedingungen erfolgreich ist.

Das neue Schulgesetz von 2005, geändert 2006, fasst die bisherigen sieben Schulgesetze zu einem Gesetz zusammen. Es übernimmt im Wesentlichen die bisherigen Vorschriften zur sonderpädagogischen Förderung, benennt jedoch die Sonderschulen in Förderschulen um und das bisherige Verfahren VO-SF in AO-SF (vgl. http://209.85.129.132/search?q=cache:5oCosWAStKQJ:https://dom.lvr.de/lvis/lvr_recher chewww_12wp.nsf/7815980FE2150A8EC1257233003FA4E5/%24file/5anlage%25201, Zugriff am 4.07.2009).

Die integrative Beschulung in NRW kann mit der Grundlage des § 19 SchulG NRW 2005 erfolgreich fortgesetzt werden. In der Primarstufe werden die Schülerinnen und Schüler mit sonderpädagogischem Förderbedarf in einer Klasse der Grundschule unterrichtet. Die integrative Beschulung kann in der Sekundarstufe I als "integrative Lerngruppe" weitergeführt werden. Mit der Einführung des Neuen Schulgesetzes gibt es somit eine Rechtsgrundlagen für die "integrative Lerngruppe" an den allgemeinen Schulen der Sekundarstufe I. Der Schulversuch Integrative Lerngruppe läuft damit aus (vgl. http://www.learn-line.nrw.de/angebote/gemeinsamerunterricht(gu/index.html, Zugriff a, 4.07.2009).

Die wichtigsten Bestimmungen zur integrativen Lerngruppe zeigt Ihnen der folgende Textausschnitt aus dem Schulgesetz:

„In einer Integrativen Lerngruppe sollen in der Regel nicht weniger als fünf Schülerinnen und Schüler mit sonderpädagogischem Förderbedarf gemeinsam mit nicht behinderten Schülerinnen und Schülern unterrichtet werden... Die Aufnahme in eine Integrative Lerngruppe setzt einen Antrag der Eltern voraus... Die Schülerinnen und Schüler mit sonderpädagogischem Förderbedarf werden auf der Grundlage der Unterrichtsvorgaben des Ministeriums für die allgemeine Schule sowie der Richtlinien für ihren Förderschwerpunkt unterrichtet (§ 37 Abs. 2 AO-SF). Für Schülerinnen und Schüler mit sonderpädagogischem Förderbedarf werden individuelle sonderpädagogische Förderpläne erstellt und fortgeschrieben...
die Schulkonferenz entscheidet im Rahmen des Schulprogramms... über das schuleigene Konzept. Das Konzept beschreibt, in welchem Umfang und in welchen Fächern gemeinsames Lernen ... stattfinden

kann" (http://www.schulministerium.nrw.de/BP/Schulrecht/Erlasse/Integrative_Lerngruppen.pdf, Zugriff am 4.07.2009).

Insgesamt nahm die Zahl der Schülerinnen und Schüler im gemeinsamen Unterricht von elf Prozent im Schuljahr 2005/2006 auf 13,8 Prozent im Schuljahr 2008/2009 zu. Dabei war der Anstieg in der Grundschule überproportional (von 6.600 im Schuljahr 2005/2006 auf 9.684 im Schuljahr 2008/2009) (vgl. http://www.lehrer-online.de/760323.php, Zugriff am 4.07.2009). Korrespondierend wurde nach den Angaben der Landesregierung die Zahl der Lehrerstellen von 994 auf 1.541 Stellen im selben Zeitraum erhöht. Darin enthalten sind 40 Stellen für integrative Lerngruppen sowie 100 Stellen, die von befristet auf unbefristet umgestellt wurden (vgl. http://www.lehrer-online.de/760323.php, Zugriff am 4.07.2009).

Schüler und Lehrer im gemeinsamen Unterricht

	Schuljahr 2005/2006	Schuljahr 2008/2009
Prozentanteil der Schülerinnen und Schüler im gemeinsamen Unterricht	11 %	13,8 %
Schülerinnen und Schüler der Grundschule im gemeinsamen Unterricht	6.600	9.684
Lehrerstellen für den gemeinsamen Unterricht	994	1.541
Lehrerinnen und Lehrer für integrative Lerngruppen		40

Tabelle auf der Grundlagen der Angaben in lehrer-online (a.a.O.)

Einführung von Förderplänen und Kompetenzenorientiierung in der Förderung

Bei der Erstellung des sonderpädagogischen Gutachtens im Rahmen des AO-SF ist weiterhin auf quantitative Verfahren der Diagnostik zurückzugreifen. Denn es ist Aufgabe dieses Gutachtens zu bestimmen, wo ein Schüler im Vergleich zu seiner

10

Alterspopulation leistungs- und entwicklungsmäßig steht. Die Verwendung quantitativer Verfahren im

AO-SF   ist   deshalb   juristisch   weiterhin   ein   „Must".

Qualitative Verfahren stellen e i n e Grundlage für die Erstellung von Förderplänen dar. Förderpläne sollten den folgenden Anforderungen genügen.

- Kompetenzenorientierung
- positive Formulierungen
- maximal drei Ziele
- Angabe von Schritten zur Überprüfung

Berufsvorbereitung/berufliche Eingliederung

These 5

In den letzten Jahren wurden wesentliche Unterstützungsangebote zur Berufsvorbereitung gemacht: Durchführung von Schülerpraktika, Einrichtung von Schülerfirmen und das Angebot von berufsvorbereitenden Lehrgängen.

Diese Angebote reichen jedoch bei weitem noch nicht aus und es gibt auch „Leerstellen", wie z. B. unversorgte Gruppen.

Für Schülerinnen und Schüler mit sonderpädagogischem Förderbedarf findet die Berufsvorbereitung im Rahmen des Faches Arbeitslehre, in den Schülerpraktika und im Rahmen der immer zahlreicher werdenden Schülerfirmen statt. In mehreren Schulen (insbesondere mit dem Förderschwerpunkt Lernen) konnten zudem Handwerker eingestellt werden, die eine systematische Hinführung zur Arbeitswelt anbieten. Hinzukommen Kooperationen mit der ARGE, mit freien Trägern, die Förderlehrgänge anbieten, mit Berufsförderungswerken und Werkstätten für Behinderte (vgl. LÜCKE-DECKERT 2004, 159 f.).

Dennoch gibt es ein Klientel, für die das Angebot unzureichend ist, nämlich Schülerinnen und Schüler, die die Schule abbrechen oder aufgrund einer psychischen Erkrankung nicht in der Lage sind, eine achtstündige Vollzeitausbildung durchzuhalten. Es ist deshalb in Kooperation mit Vertretern der ARGE und Berufsschulen dafür zu sorgen, dass für dieses Klientel ein maßgeschneidertes berufsvorbereitendes Angebot geschaffen wird.

5. Neuentwicklungen seit 2002: Qualitätsicherung an Universität, Studienseminar und Schule

Standarddiskussion

Seit der Veröffentlichung der PISA-Untersuchungen sind Standards zu einem wichtigen Thema in der Pädagogik geworden (vgl: http://www.stadtelternrat-hannover.de/pisa23.htm#weserkurier01032003)

These 6
Ab 2002 setzt an den Universitäten, den Studienseminaren und der Schule eine Diskussion um Standards ein.

Während die Definition von Standards im englischen Sprachraum eine längere Tradition hat, setzt sie im deutschen Sprachraum erst zu Beginn der 90er Jahre für außerschulische Institutionen ein. Die Standarddiskussion ist mit Chancen und Risiken verbunden. Damit zusammenhängende Aspekte habe ich an anderer Stelle ausführlicher aufgezeigt.

Der VDS bekennt sich grundsätzlich zu Standards, sofern sie sorgfältig und sparsam eingesetzt werden. Seine Sorge, dass in Zeiten immer knapper werdender Kassen Kostengesichtspunkte in der Qualitätsdiskussion dominierend werden könnten, ist nicht von der Hand zu weisen (vgl. VDS: Standards der sonderpädagogischen Förderung" 2007, 3) .

Modularisierung des Studiums und der Lehrerausbildung

Im Rahmen der Vereinheitlichung der Studienbedingungen mit dem Ziel der internationalen Durchlässigkeit und Konkurrenzfähigkeit kam es 2001 in Bologna zu Vereinbarungen über Studienanforderungen, die im gesamten Europa durchgesetzt werden sollten.

In der Folge setzte, an den unterschiedlichen Universitäten mit leichten Zeitunterschieden, eine Umstrukturierung des Studiums in Module ein, die schon im Jahre 2005 weitgehend umgesetzt war.

Von Seiten der Studenten und auch einiger Dozenten wurde in der Anfangszeit häufig die Verschulung des Studiums öfters beklagt. Nach meinem Eindruck hat sich diese Struktur aber inzwischen weitgehend durchgesetzt. Ein Problem ist jedoch häufig, dass die für ein bestimmtes Semester vorgesehenen Leistungen wegen Überkapazitäten bei den Veranstaltungen nicht zeitlich wie vorgesehen erbracht werden können oder die Studienleistungen zwar formal akribisch vorgeschrieben sind, von den verschiedenen Dozenten jedoch unterschiedlich interpretiert werden.

Analog zu den Universitäten hat in den letzten Jahren an den Studienseminaren ein intensiver Prozess der Überarbeitung von Ausbildungscurricula im Zuge der Qualitätsdiskussion und Qualitätssicherung stattgefunden.

Qualitätsanalyse

These 7
Die Selbständigkeit von Schulen hat sich erweitert. Die Schulinspektion ist das Pendant der erweiterten Selbständigkeit und soll die Qualität von Schulen sichern.

Die Qualitätsanalyse steht in einem Entwicklungsstrang mit der erweiterten Selbständigkeit von Schule, wie sie durch das neue Schulgesetz von 2005 juristisch verankert ist. Sie ist sozusagen das Pendant der erweiterten Gestaltungsfreiheit von Schulen.

Frau Ministerium Sommer beschreibt die Qualitätsanalyse wie folgt:

- Instrument zur Selbstvergewisserung
- Funktion von „Unternehmungsberatungen für Schulen"
- soll den Schulen ihre Schulentwicklungsprozesse daten- und leitfadengestützt spiegeln
- soll den Schulen datengestützte Erkenntnisse über ihre schulische Arbeit zur Verfügung stellen, die sie für ihre Weiterentwicklung nutzen können.

Vergleichsarbeiten und Lernstandskontrollen sind in der Sonderpädagogik nur sehr bedingt Möglichkeiten der Standardsetzung.

Zu den Erfahrungen mit der Qualitätsanalyse liegen umfangreiche Beiträge vor. Sehr empfehlenswert ist das 2008 erschienene Buch „Schulische Qualitätsanalyse in Nordrhein-Westfalen": Konzepte, erste Erfahrungen, Perspektiven, das sich auf Erfahrungen in allen Schulformen, darunter auch die Förderschule bezieht.

Im Folgenden sehen Sie das von der Qualitätsanalyse in NRW zu Grunde gelegte Tableau. Es besteht aus 6 Qualitätsbereichen, von denen der Bereich 2 – Unterricht – von hervorragender Bedeutung ist. Diese sechs Bereiche unterteilen sich in 18 Aspekte und 153 Qualitätsindikatoren.

Anhand dieses Tableaus wird die schulische Arbeit bewertet. Aus diesem Grunde sind Schulen aus meiner Sicht gut beraten, wenn sie im Vorgriff auf die Analyse das in der Schule schriftlich Vorhandene anhand dieses Rasters sortieren oder dazu eine Übersicht erstellen.

Ergebnisse der Schule	Lernen und Lehren – Unterricht	Schulkultur	Führung und Schulmanagement	Professionalität der Lehrkräfte	Ziele und Strategien der Qualitätsentwicklung
1.1 Abschlüsse	2.1 Schulinternes Curriculum	3.1 Lebensraum Schule	4.1 Führungsverantwortung der Schulleitung	5.1 Personaleinsatz	6.1 Schulprogramm
1.2 Fachkompetenzen	2.2 Leistungskonzept – Leistungsanforderung und Leistungsbewertung	3.2 Soziales Klima	4.2 Unterrichtsorganisation	5.2 Weiterentwicklung beruflicher Kompetenzen	6.2 Schulinterne Evaluation
1.3 Personale Kompetenzen	2.3 Unterricht – Fachliche und didaktische Gestaltung	3.3 Ausstattung und Gestaltung des Schulgebäudes und Schulgeländes	4.3 Qualitätsentwicklung	5.3 Kooperation der Lehrkräfte	6.3 Umsetzungsplanung/ Jahresarbeitsplan
1.4 Schlüsselkompetenzen	2.4 Unterricht – Unterstützung eines aktiven Lernprozesses	3.4 Partizipation	4.4 Ressourcenmanagement		
1.5 Zufriedenheit der Beteiligten	2.5 Unterricht – Lernumgebung und Lernatmosphäre	3.5 Außerschulische Kooperation	4.5 Arbeitsbedingungen		
	2.6 Individuelle Förderung und Unterstützung				
	2.7 Schülerbetreuung				

OA
Qualitätsanalyse NRW

Quelle: Müller, Dedering & Bos 2007, 194

Im Folgenden sehen Sie ebenfalls den Unterrichtsbogen, mit dem bei den jeweils 20 minütigen Besuchen im Unterricht der Hälfte der Kolleginnen und Kollegen gearbeitet wird.

Der von der Qualitätsanalyse verwendete Unterrichtsbeobachtungsbogen basiert auf den allgemein anerkannten Kriterien guten Unterrichts nach Hilbert Meyer.

Meyer unterscheidet zehn Kriterien für guten Unterricht, die empirisch untersucht worden sind:

1. Klare Strukturierung des Unterrichts
2. Hoher Anteil echter Lernzeit
3. Lernförderliches Klima
4. Inhaltliche Klarheit
5. Sinnstiftendes Kommunizieren
6. Methodenvielfalt
7. Individuelles Fördern
8. Intelligentes Üben
9. Transparente Leistungserwartungen
10. Vorbereitete Umgebung

Diese Kriterien sind auch für den Unterricht von Schülerinnen und Schülern mit sonderpädagogischem Förderbedarf zu Grunde zu legen. Ergänzend sind bei diesem Unterricht jedoch noch die folgenden Aspekte zu berücksichtigen, wie sie vom VDS zusammengestellt wurden:

- Sonderpädagogischer Unterricht besteht immer aus f a c h l i c h e n **und** s o n d e r p ä d a g o g i s c h e n Anteilen, es gibt also einen fachlichen und einen förderzielorientierten Planungsstrang.
- Sonderpädagogische Planungsentscheidungen gehen über die Inhalte des einzelnen Unterrichtsfachs hinaus.
- Es ist sinnvoll, n u r e i n e n Förderbereich in den Mittelpunkt der Planung zu stellen.
- Die F ö r d e r b e r e i c h e können sich auf die g e s a m t e Lerngruppe, eine T e i l g r u p p e oder e i n z e l n e Schüler beziehen.

6. Die Diskussion um Sonderpädagogische Förderzentren

In der Bundesrepublik Deutschland setzte Anfang der 1980er Jahre eine Diskussion über die Weiterentwicklung der sonderpädagogischen Förderung durch Förderzentren ein. In Nordrhein-Westfalen begann diese Entwicklung erst Mitte der 90er Jahre. In den Diskussionen der 90er Jahre war noch sehr unklar, wie ein Förderzentrum aussehen könnte. Dabei stellte die relativ vage und allgemeine Beschreibung von Förderzentren in den KMK-Empfehlungen einen Kompromiss dar, der die einstimmige Annahme dieses Konzeptes sicherte (vgl. Heidenreich 2007, 8).

Der Verband Deutscher Sonderschulen VDS machte bereits 1997 einen Vorstoß in Richtung Sonderpädagogisches Förderzentrum. Die beiden großen Lehrerverbände GEW und VBE hielten sich dagegen in dieser Diskussion lange Zeit zurück.

Ab dem 1. August 2008 läuft in NRW ein Schulversuch zum sonderpädagogischen Förderzentrum. Allerdings ist die Bezeichnung eine veränderte, nämlich „Kompetenzzentrum sonderpädagogische Förderung".

Beim dem „Kompetenzzentrum sonderpädagogische Förderung" – abgekürzt KSF - handelt es sich um eine komplexe Neuorganisation der sonderpädagogischen Förderung, die hier nur in ihrer Grundstruktur wiedergegeben werden kann:

Bündelungen der Förderschwerpunkte zu

- KSF für Sinnesgeschädigte für einen festzulegenden überregionalen Bereich
- KSF für GG und KM in Regionen
- KSF für Lern- und Entwicklungsstörungen für ein regionales Teilgebiet
-

Die Aufgaben in einem Kompetenzzentrum sonderpädagogischer Förderung stellen aus meiner Sicht eine Erweiterung, z. T. auch um neue Aufgaben dar:

- Prävention als Beratung in allgemeinen Schulen und als Förderung von entwicklungsverzögerten Kindern und Jugendlichen ohne die Feststellung eines sonderpädagogischen Förderbedarfs

- Diagnose, Begutachtung und Entscheidung über die Feststellung des sonderpädagogischen Förderbedarfs durch Förderausschüsse
- Organisation und Durchführung des GU in den allgemeinen Schulen
- Förderung in Stammklassen des KSF auf der Grundlage sonderpädagogischer Standards
- Förderung durch ein multiprofessionelles Team, das am KSF fest angebunden ist
- Einbeziehung außerschulischer Institutionen und Fachleute (z. B. Jugendhilfe und regionale Schulberatung sowie Polizei)
- spezielle Medienzentren
- Beratungsaufgaben

Kompetenzzentren sonderpädagogischer Förderung wurden und werden gerade auch in NRW heftig diskutiert.

Als Problem wird beispielsweise angesehen, dass der Gemeinsame Unterricht vom Kompetenzzentrum sonderpädagogische Förderung aus organisiert wird und dadurch stellenplanmäßig in deren Abhängigkeit gerät. Ein weiteres Problem könnte auch darin liegen, dass in der Gesetzesgrundlage zum Kompetenzzentrum sonderpädagogische Förderung der subsidiäre Charakter des sonderpädagogischen Angebotes betont wird, subsidiär aber heißt für mich immer auch: nachgeordnet.

Der VDS allerdings hält das Kompetenzzentrum für sonderpädagogische Förderung für einen „Schritt in die richtige Richtung", ein „tragfähiges Konzept der Förderung in NRW" und stellt in ihren Schreiben an das Schulministerium Forderungen, die sich auf Durchführungsmodalitäten, aber nicht auf Grundlagen des Konzeptes beziehen:

- deutliche Ausweitung der Zahl der Pilotschulen zur Berücksichtigung der regionalen Bedingungen
- statt 0,5 eine Stelle pro Tausend Schüler für Aufgaben der Prävention
- unbürokratische Regelung von Dienstfahrten
- Stärkung einer verwaltungstechnischen Schulassistenz wegen des gestiegenen Verwaltungsmehraufwandes
- Vereinfachung der Bedingungen für die Teilnahme am Schulversuch
- Möglichkeit zur Schulversuchsteilnahme auch für „arme" Schulträger

- Qualifizierung für die weitgehend neuen Aufgaben der Prävention und Beratung
- Begleitung der Kompetenzzentren durch Coaching in der Pilotphase

These 8

Das Modell „Sonderpädagogisches Förderzentrum" erweitert das sonderpädagogische Aufgabenprofil, begreift dieses Angebot jedoch als subsidiär.

Es ist nicht auszuschließen, dass damit Risiken verbunden sind.

7. Aktueller Handlungsbedarf

These 9

Der sonderpädagogische Förderbedarf hat quantitativ zugenommen.

Die Zahl der Schülerinnen und Schüler mit sonderpädagogischem Förderbedarf hat im Vergleich zur allgemeinen Schülerentwicklung überproportional zugenommen. So wird im Länderbericht für Nordrhein-Westfalen des VDS 2004 angegeben, dass sowohl die Zahl der Schülerinnen und Schüler im allgemeinen Unterricht als auch in den Förderschulen sprunghaft angestiegen sei: Steigerungen von 20 bis 30 Prozent seien in beiden Angeboten der sonderpädagogischen Förderung keine Seltenheit (vgl. LÜCKE-DECKERT 2004, 160).

Auch im Jugendbericht für das Land NRW wir von einem Zuwachs der Zahl der Schülerinnen und Schüler mit sonderpädagogischem Förderbedarf in vergleichbarer Höhe berichtet: Diesem Bericht hat die Zahl der Sonderschülerinnen und Sonderschüler Gegenüber 19090 um 33,1 % zugenommen, d. h.25.392 Kinder und Jugendliche mehr als noch im Schuljahr 1990/91 besuchten im laufenden Schuljahr 2003/04 Sonderschulen.

Abb.5-10: Veränderung der Zahl der Schülerinnen und Schüler an Sonderschulen nach
Schulformen in Nordrhein-Westfalen; 1990 bis 2003 (Angaben in %)

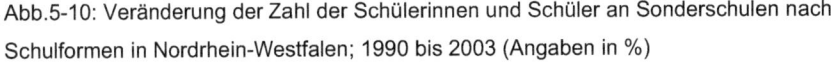

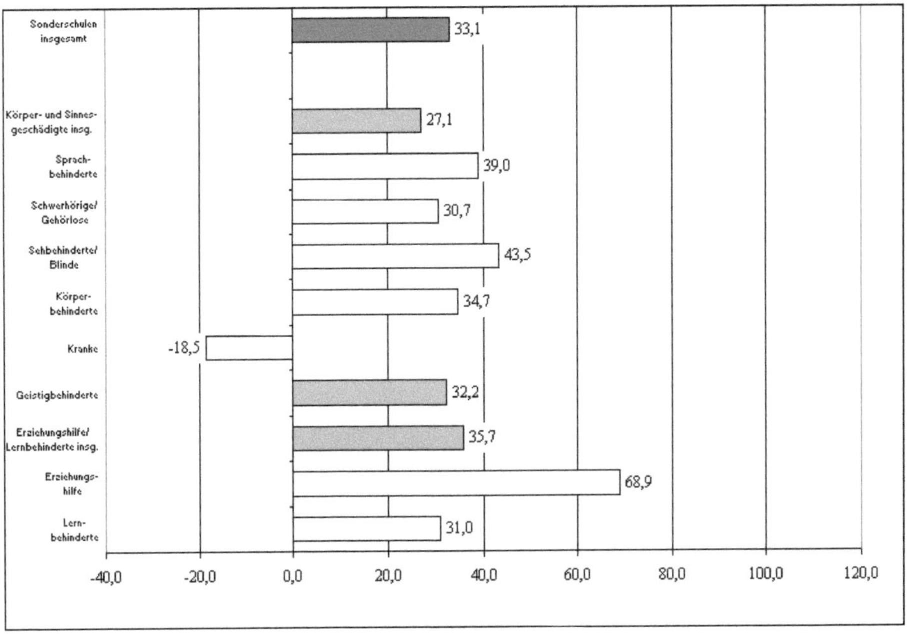

Quelle: Landesamt für Datenverarbeitung und Statistik Nordrhein-Westfalen,
Amtliche Schuldaten, 1990/91 bis 2003/04
Anmerkung: ohne Schülerinnen und Schüler in Schulkindergärten

LÜCKE-DECKERT führt den Anstieg des sonderpädagogischen Förderbedarfes auf
zwei Faktoren zurück:

- auf die differenzierte Diagnostik einerseits und
- gesellschaftliche Entwicklungen

Die damit einhergehende häufige Separierung dieser Schüler bedarf dringend der
Korrektur und Gegensteuerung durch geeignete Förderangebote an allgemeinen
Schulen über den ganzen Tag verteilt.

19

These 10

Angesichts des steigenden Bedarfes an sonderpädagogischem Förderbedarf sind Präventionsprogramme an allgemeinen Schulen wie z. B. „Lubo aus dem All" erforderlich.

Ein solches Angebot ist das von dem an der Kölner Fakultät tätigen Professor Clemens HILLENBRAND entwickelte Programm „Lubo aus dem All" zur Förderung der sozial-emotionalen Kompetenz. Ich halte dieses Programm für ausgezeichnet und habe dazu erst unlängst an der Fachhochschule Frankfurt einen Vortrag gehalten, der bei Interesse von mir per e-mail angefordert werden kann.

Zusammenfassung und Ausblick

Es wurde dargelegt, dass die Zeit ab 1995 in vielen Bereichen der Sonderpädagogik eine Zeit grundlegenden und vielfältigen Wandels gewesen ist und worin dieser Wandel besteht.

Wie aufgezeigt wurde, ist nach den Ergebnissen der bisherigen Qualitätsanalyse ein Schwerpunkt des Entwicklungsbedarfes allgemeiner Schulen die Curriculumorientierung.

Des Weiteren muss ein Schwerpunkt der Förderung die Hinführung auf die Arbeitswelt sein. Last but not least steht die gesamte Förderung unter dem Aspekt der Individualisierung und der Kompetenzenorientierung.

Literatur:

Bleidick, Ulrich (1994): *Pädagogik der Behinderten auf dem Weg in die Postmoderne.* Die Sonderschule, 2-18

Dollase; Rainer. *Was macht erfolgreichen Unterricht aus?* http://www.uni-bielefeld.de/psychologie/ae/AE13/Homepage7DOLLASE7Untrerricht:pdf

Führer, Regina (2008): *Mit Zielvereinbarungen Qualitätsentwicklung vorantreiben. Qualitätsanalyse der Wittekindschule – Förderschule des Kreises Herford (Förderschwerpunkt Sprache).* In: Müller, Sabine, Dedering, Kathrin & Bos, Wilfreid (Hrsg.) (2008): *Schulische Qualitätsanalyse in Nordrhein-Westfalen. Konzepte, erste Erfahrungen, Perspektiven.* Köln: Wolters Kluwer, 235-243

Jank, Werner & Meyer, Hilbert (2003): *Didaktische Modelle.* Berlin: Cornelsen Scriptor
Jehkul, Winfried, Kumpfert, Vokmar, Budach, Werner, Ernst, Rainer, Hebbern, Klaus & Menzel, Matthias(2005). *Schulgesetz für das Land Nordrhein-Westfalen (Schulgesetz NRW – SchulG).* Essen: Verlag für Wirtschaft und Verwaltung Hubert Wingen

Lücke-Deckert, Gisela (2004): *Länderbericht Nordrhein-Westfalen.* Zeitschrift für Heilpädagogik 3, 159-161

Meyer, Hilbert (2004): *Was ist guter Unterricht?* Berlin: Cornelsen Scriptor

Müller, Sabine, Dedering, Kathrin & Bos, Wilfried (Hrsg.) (2008): *Schulische Qualitätsanalyse in Nordrhein-Westfalen. Konzepte, erste Erfahrungen, Perspektiven.* Köln: Wolters Kluwer

Rittmeyer, Christel (2008): *Schulprogramme und Schulinspektion: Zusammenhänge – (internationale) Erfahrungen – offene Fragen.* Sonderpädagogik, 38. Jg., Heft 1, 52-60

Rittmeyer, Christel (2003): *Zur Qualitätsdiskussion in der Pädagogik bei Menschen mit geistiger Behinderung*. In:. Erhard Fischer (Hrsg.), *Pädagogik für Menschen mit geistiger Behinderung*. Sichtweisen, Theorien, Aktuelle Herausforderungen (S. 396-414). Oberhausen: Athena Verlag

http://www.Schulministerium.nrw.de/BP/Schulrecht/Gesetzes/SchulG-Info/Schulgesetz.pdf;§ 20, Zugriff am 4.07.2009).

http://www.schulministerium.nrw.de/BP/Schulrecht/Erlasse/Integrative_Lerngruppen.pdf, Zugriff am 4.07.2009

http://www.stadtelternrat-hannover.de/pisa23.htm#weserkurier01032003, Zugriff am 4.07.2009

http://209.85.129.132/search?q=cache:5oCosWAStKQJ:https://dom.lvr.de/lvis/lvr_recher chewww_12wp.nsf/7815980FE2150A8EC1257233003FA4E5/%24file/5anlage%252 01.doc+Gesetz+zur+sonderp%C3%A4dagogischen+F%C3%B6rderung+von+1995& cd=1&hl=de&ct=clnk&gl=de, Zugriff am 4.07.2009

http://www.learn-line.nrw.de/angebote/gemeinsamerunterricht(gu/index.html, Zugriff am 4.07.2009